8
LN27
41255

A LA MÉMOIRE

DU

D^r LUC BRIVOIS

1853-1892

A LA MÉMOIRE

DU

Dʳ LUC BRIVOIS

Mardi dernier, à onze heures du matin, ont eu lieu, à Nogent-sur-Aube, son pays natal, les obsèques de M. Brivois, Luc, docteur en médecine, décédé au même lieu, dans sa 40ᵉ année.

Le docteur Brivois, qui avait exercé ses fonctions de médecin à Arcis, de 1878 à 1885, où il avait été appelé pour succéder au docteur Gossement, avait su y conquérir rapidement par son affabilité, son exactitude et sa capacité professionnelle, la confiance, l'estime et l'affection des habitants, en général, et particulièrement celles de la classe ouvrière et des malheureux, pour lesquels sa sollicitude et son dévouement étaient sans bornes.

Du reste, bon vivant et joyeux compagnon, dans la meilleure acception du mot, il était doué d'un aimable sans-gêne et d'une rondeur de caractère qui lui attiraient toutes les sympathies.

A un moment donné, il avait été honoré des fonctions d'adjoint au maire de la ville d'Arcis, par le gouvernement ; mais une cabale du conseil ne lui permit pas de garder bien longtemps ce mandat qu'il n'avait point brigué.

Il se maria, en 1882, avec la femme dévouée qui le pleure aujourd'hui, et deux enfants, maintenant orphelins, vinrent bénir cette union : Lucien, âgé de 9 ans, et Maurice, âgé de 6 ans.

Un an avant son mariage, au mois d'août 1881, sur la route du Chêne, il éprouva un accident de voiture qui lui occasionna une grave blessure à la tête, avec un épanchement sanguin par les oreilles.

Il guérit néanmoins de cette blessure, mais atteint de diabète, il fut obligé d'abandonner la médecine active et quitta Arcis en 1885, pour aller rétablir sa santé à Nice. L'année suivante, il revint à Paris, où il fonda, avec le docteur Auvard, savant médecin-accoucheur des hôpitaux de Paris, un cabinet, où il s'occupait surtout d'électricité médicale, et ce cabinet eut une vogue méritée. Il publia même sur cette science un ouvrage assez estimé du public médical.

Cependant, torturé toujours par sa maladie organique incurable, et affaibli par les conséquences de sa chute, le docteur Brivois voyait dépérir, de jour en jour, sa constitution autrefois si robuste, malgré les cures qu'il faisait chaque année aux eaux de Vichy. Enfin, quand il sentit approcher le terme fatal, poussé par cet instinct du cœur qui devient irrésistible à l'heure suprême, il voulut revoir les lieux aimés qui l'avaient vu naître, et il se fit transporter à Nogent-sur-Aube, où sa femme et ses enfants l'accompagnèrent en l'entourant des soins les plus dévoués et de la plus tendre affection.

C'est là qu'il expira entre leurs bras, au bout de quelques jours, après avoir indiqué la place où il désirait reposer au milieu de ses ancêtres, dans le cimetière de son village.

Son deuil a affecté le caractère d'un deuil public, car toute la population de Nogent-sur-Aube, et une partie de celle des communes environnantes, s'était fait un pieux devoir d'y assister, ainsi que plusieurs notabilités médicales et autres.

Sur le bord de la tombe M. H[te] Sardin, président de la Société de secours mutuels et vice-président de la Commission administrative de l'hôpital d'Arcis-sur-Aube, a prononcé les paroles suivantes :

« Messieurs,

« La mort du docteur Brivois, a causé dans ce pays, qu'il affectionnait tout particulièrement et où il ne laisse que des amis, la plus douloureuse émotion.

« Elle a excité ici et ailleurs les plus vifs regrets.

« Pouvait-il en être autrement ?

« N'est-ce pas un événement profondément affligeant pour tous ?

« N'est-ce pas une perte cruelle et irréparable ? que la mort d'un homme dans la force de l'âge, père de jeunes enfants, et dont la science tout humanitaire, laborieusement acquise, pouvait être employée longtemps encore au soulagement de ses semblables ?

« Une chute de voiture, dans un voyage pour l'accomplissement d'un devoir de sa profession, souvent si pénible, a occasionné au docteur Brivois, une commotion fatale.

« Depuis cette funeste chute, sa santé s'est gravement altérée.

« Blessé comme un soldat sur le champ de bataille, il a lutté jusqu'au dernier moment, avec une rare énergie contre l'affreuse maladie qui chaque jour l'épuisait.

« Longtemps il a espéré que sa robuste constitution triompherait du mal.

« Vers la fin, il a voulu se faire illusion à lui-même, tant il avait le désir ardent de prolonger son existence, pour préparer l'avenir de sa jeune et chère famille.

« La mort a été inexorable ! Elle l'a saisi sous le toit paternel, au moment où il venait respirer l'air pur et bienfaisant de la campagne. Elle a plongé dans le deuil et la désolation une jeune femme dévouée, de charmants enfants, un père et une mère plus qu'octogénaires et de bons amis !!!

« Elle a privé la société d'un homme de cœur, vaillant, éclairé, serviable, grand ami de l'instruction et du progrès, sincère partisan des institutions républicaines, pour la défense desquelles il a fait des sacrifices trop peu connus.

« Une voix plus autorisée vous dira quels étaient les titres particuliers de M. Brivois, à la sympathie et à la reconnaissance de ses concitoyens.

« Qu'il me soit permis seulement de rappeler à son honneur : Que comme médecin du bureau de bienfaisance, de l'hôpital et de la Société de secours mutuels d'Arcis-sur-Aube, il a donné des preuves manifestes et fréquentes de son dévouement et de sa philanthropie ; qu'il a laissé les meilleurs souvenirs aux malades et aux administrateurs de ces précieux établissements, dont je suis aujourd'hui l'organe pour accomplir un acte de gratitude et de justice.

« Que ceux auxquels il a prodigué ses soins intelligents et dévoués ;

« Que ceux auxquels il a rendu des services désintéressés, publient ses bonnes actions, ils contribueront à honorer sa mémoire et à adoucir la profonde douleur de sa malheureuse famille.

« Adieu cher Brivois ! Adieu ! »

Ensuite, M. Edmond Boisseau, adjoint au maire de Nogent, a pris la parole en ces termes :

« Mesdames, Messieurs,

« Au nom du conseil municipal et des habitants de Nogent, permettez-moi de dire un mot à notre ami regretté, le docteur Brivois.

« Notre pays perd en lui un bienfaiteur dont les lumières de la science étaient toujours au service de ceux qui en avaient besoin.

« La terrible maladie dont il était atteint n'avait pas ralenti le zèle qu'il mettait à soigner ses concitoyens ; il y a quelques jours encore, on pouvait le voir se traîner péniblement là où le devoir l'attirait ; aussi, sa joie était grande quand il arrivait à apporter du soulagement chez un malade, lui-même se sentait mieux.

« De tels hommes sont une source de bien-être pour un pays ; aussi notre douleur est immense, le souvenir que nous garderons est à jamais gravé dans nos cœurs.

« Adieu donc, cher ami, au nom de tous tes concitoyens reçois le dernier hommage que nous devons à ta bonté et au dévouement dont tu as fait preuve jusqu'au dernier moment.

« Adieu !! »

(Extrait des journaux de la localité).

Imp. G. Saint-Aubin et Thevenot, St-Dizier (Hte-Marne). 30, passage Verdeau, Paris

www.ingramcontent.com/pod-product-compliance
Lightning Source LLC
Chambersburg PA
CBHW070529050426
42451CB00013B/2927